交通事故を7割減らす たった2つの習慣

監修 松永 勝也（九州大学名誉教授）
著者 江上 喜朗（交通心理士）

日本経済新聞出版社

はじめに

交通事故は、あるコツをつかめば簡単に減らせます。

この本を最後まで読んでいただいて、たった2つのことを実践すれば、交通事故を起こす危険は激減するのです。

「お父さん、最近事故が増えてるから安全運転してね！」
「最近、社員の事故が多い。安全運転に努めるように！」
「年末は事故が増えるので安全運転に努めて下さい！」

世の中には「安全運転」という言葉が溢れています。猫も杓子も安全運転。では皆さんは、「安全運転」という言葉を聞いて、何を思い浮かべますか。

注意力を保った運転。
危険を予測した運転。
思いやりをもった運転。
高度な運転技術を伴った運転。

全部正解かもしれませんが全部完璧にできるのでしょうか？
結局「安全運転」とは何だろうか。
どうすればよいのか。
疑問を感じたことはありませんか。

私たちは「安全運転」という言葉を安易に使わずに、20年以上に亘る科学的な研究と、教習所としての膨大な量の教育を通じて「安全な運転」を考えてきました。

安全な運転とは何か。
事故を起こさない運転とは何か。

それには、明確な答えがあります。それは決して難しいものではなく、今からすぐ誰にでも行えるものです。高度な運転技術の習得よりとても簡単です。そして何より、とっても楽なものです。

その運転を実行すれば、事故はおろか、不思議なことに、事故に遭いそうな危ないことすらなくなります。

誰でも簡単にできて、かつ確実に事故を起こさない、魔法のような運転の方法をお伝えしましょう。

2013年４月

江上喜朗

CONTENTS

1 安全運転指導の常識を疑え！

1-1 安全運転指導の落とし穴

「注意して運転しなさい！」
「余裕をもって運転しなさい！」
「休憩をちゃんと取りなさい！」
「車間距離を取りなさい！」
「指差し確認しなさい！」

安全運転の指導者がドライバーに行っている主な指導です。あなたも、一度と言わず何度もこういった指導を受けたことがあるはずです。

「なるほど、よくわかった。そのとおりに運転しよう。」

素直なあなたはこう考えます。でも心の中ではもう一人の自分がこんなことを言っていませんでしたか。

「そんなこと、できないよ。」

そう思うのも無理はありません。

従来の教育で行われるマナー遵守や危険予測訓練、注意呼びかけの指導が間違っているとは言いません。いずれも確かに正しいことであり、危険が潜む状況を察知する能力は重要です。しかし、実際には指導方法が運転者にできる形に落とし込まれていません。その証拠が、現在の交通事故の実状に現れているのではないでしょうか。確かに現状教えられている安全運転は、大事なことばかりですが、実行するとなると大きな落とし穴があります。大きく分けると、４つです。

１　わからない！（＝具体的ではない）
２　そんなことできるわけがない！（＝不可能）
３　そんなこと覚えていられない！
４　やってられない！（＝モチベーションが上がらない）

わからないし、やれないし、やる気も起きない。そんな状態で「安全運転」をしようとしても、できるわけがありません。安全運転に限らず、人間の習慣というのは、具体的で、簡単にできて、やる気が起きる形にして初めて、浸透するものです。できるわけのないものにチャレンジしても、残念ながら労力の割に効果は薄いものです。現行の"安全運転"の常識は一度頭から外して下さい。誤解を恐れずに宣言します、「安全運転指導の常識を疑え」と。

1-2 具体的に何をするかわからない！

スピードは、どの程度にすればいいのか
車間距離はどのくらいにすればいいのか
注意するって、いつ何にどう注意するのか
余裕をもった運転とは、そもそもなんなのか一般的に言われている指導は、あいまいな観念論であり、具体的にどう行動に落とせばいいのか、明らかにされていません。聞いた側が勝手に解釈して、実行するものになってしまっています。

実はほとんどの場合、具体的な運転方法について指導する本人がよくわかっていない。分かっていない人から教えられても、当然わかりませんよね。

1-3 そんなことできるわけがない！

あなたはこの本を読むことに、100パーセント集中していますか？

集中力を保ち続ければ、当然事故は減ります。集中力を保ち続け、あらゆる危険を予測しながら、確認漏れをなくしながら運転する。これができれば、間違いなく事故は減ります。問題はそれが人間にできるのかということです。人の名前、会社の名前、今日やること、持っていくもの、これから会う人のプロフィール、提案する商材……運転中も様々な問いが頭を巡ります。

- 長時間、同水準の集中力を維持する。
- 悩み事、考え事を一切振り払い、運転だけに集中する。
- 体調が悪くても、頭は100パーセント運転だけに集中する。

「精密機械のようになれ」と言ってみても、そもそも無理です。

1-4 そんなこと覚えていられない！

1週間前の夕食は、何を食べましたか？

スピードの出し方、車間距離の取り方、危険予測のパターン、指差し呼称のやり方など、全てを覚えて実行することは可能なのでしょうか？　忙しい人ほど、それは不可能に近いものです。

例えば、危険予測のパターンは10万通りと言われています。皆さんの脳はハードディスクじゃないんです。そんな膨大な内容、覚えていられません。

1-5 やってられない！

- お客さんとのアポがある
- お客さんを待たせるわけにはいかない
- 早く着かないといけない
- そんなにダラダラ走っていられない！

自分のためではなく相手のためだから、大切な人のためだから、急がないといけない。急ぐにはそういった理由だってあります。速度を抑えたり、一時停止をしたりすることが「正しい」とわかっていても現実的には「そうもいかない」「やってられない」と考えてしまう。安全のために積極的に行動しようという「やる気」が起きません。

どうすれば「やる気」が起きるのか？

この疑問が解決されないと、気持ちよく安全な運転なんてできませんよね。でも誰もその疑問に答えてはくれません。

2 回避せよ！最大のリスク

「何が安全運転なのか？」という問題に取り組む前に、まずは交通事故がどの程度あなたの生活に影響を与えているか、あるいは与えるか、を考えていきましょう。

2-1 回避せよ！その1件の擦り事故

「何よこの車、傷ついてるじゃない」
「大丈夫、大丈夫、ちょっとぶつけただけだよ」

駐車場で車を擦ってしまった。

確かに、それ自体は誰にでもあることです。大きな問題ではありません。

ただ、これが「よくある」から、問題なのです。事故の重大度とその発生頻度に関しては、「ハインリッヒの法則」と呼ばれる法則が知られています。この法則によると、重い傷害を引き起こした災害が1件あると、その背後に軽い傷害の災害が29件、傷害のない災害が300件存在すると言います。そしてその後ろには、さらに無数の不安全な行動や不安全な状態が存在していると言われています。この比率は、あくまでも同一の人間に、類似した災害が330回起こるときの平均的な災害比率です。交通事故も、実は全く同じなのです。

図1　ハインリッヒの法則

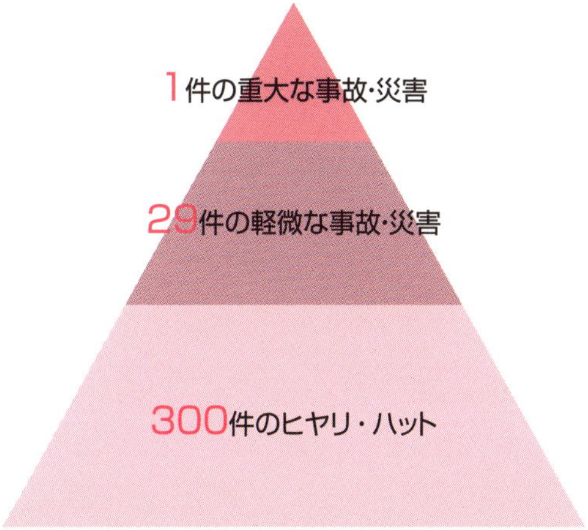

まず300件の不安全な行動があり
その先に29件の物損事故があり
その先に１件の人身事故がある

「ちょっと擦っちゃった」という小さな物損事故こそが、人身事故が起きる前の重大な警告なのです。

2-2 交通社会の現在

1万8877人　　（厚生労働省人口動態統計（平成23年））

東日本大震災によって、無情にも命を落とされた方と、いまだに行方不明のまま発見されていない方の数です。連日、メディアから報道される悲惨な状況に誰もが心を痛め、あらためて「絆」の意味や「家族」の在り方を多くの人が考え直すことになりました。

一方、「交通事故」による死者の数は、平成23年の１年間で、4612人にも及びます。震災による死亡・行方不明者の約４分の１にも上り、決して無視できる数字ではありません。メディアで大きく取り上げられることはありませんが、しかし確実に毎年多くの尊い命を奪っています。しかも、残念なことに死者は毎年出ているのです。ここ10年で換算すると、５万人以上が亡くなっているのです。

日本の社会において、人命を失うという意味で最大のリスクが交通事故である、と言っても過言ではないのです。

2-3 事故による損失（個人）

400人に１人

図２　年間の交通事故件数の推移

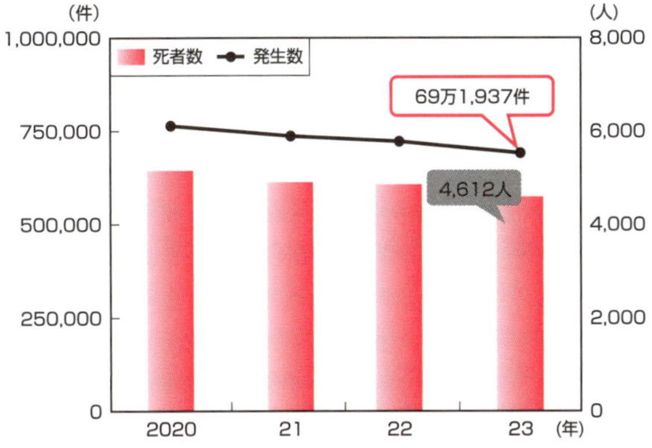

出典　警察庁事故統計（平成23年）

交通事故により、年間約4600人が死亡し、約69万人が負傷しています。また、物損事故は年間900万件ほど発生していると言われています。

これらの事故件数がこれからも発生し続け、人生70年と仮定すると、一生の間に３～４人に１人は人身事故を経験し、約400人に１人は死亡することになります。その中に自分が含まれないという保証はありません。また、事故でダメージを受けるのは自分だけではありません。加害事故の場合、事故で被害を与えてしまった人の損失の補償をしなければなりません。その損失は、死亡事故の場合で約3000万円、後遺障害で約800万円と言われています。そして当然、精神的には計り知れないダメージを負います。

当たり前ですが、その中に自分が含まれないためには、安全な運転の方法を身につけ、回避するしかありません。

2-4 事故による損失（企業）

乗客７人が死亡、乗員を含む39人が重軽傷

2012年４月29日、関越自動車道上り線の藤岡ジャンクション付近でゴールデンウィークを楽しむために遠方へ向かう高速バスが防音壁に衝突。乗客７人が死亡、乗員含む39人が重軽傷を負う悲惨な事故となりました。日本の高速道路上の死亡事故では、７人という数は過去最多で、単独車両による事故としての死者７人は前例がありません。

これだけの大規模な事故になると、運転手の責任に加え、企業の管理体制や教育法が問われることとなります。

企業ドライバーによる事故は、大きなコスト負担を伴います。例えば、自動車を300台保有している企業が、年間に起こす事故（物損30件／人身３件）を翌年ゼロにすることができたら、支払い保険料は約1200万円も節約できる計算になります（表１参照）。

表１　事故防止対策前後の保険料比較

平均的な事故件数の場合

総付保台数			300台
保険料／台			70,000円
修正保険料			21,000,000円
前年度保険金額	事故数（物損）	30件	10,788,879円
	事故数（人身）	3件	
優割率			18%
次年度実支払保険料			17,955,000円

事故がゼロだった場合

総付保台数			300台
保険料／台			70,000円
修正保険料			21,000,000円
前年度保険金額	事故数（物損）	0件	0円
	事故数（人身）	0件	
優割率			70%
次年度実支払保険料			5,985,000円

差額	−11,970,000円

3 たった2つの理由で事故は起きる

3-1 事故とは単純な算数だ

5＞3

誰にでもわかる、簡単な不等号です。5のほうが3より大きい。当たり前ですよね。でも実は、交通事故は、この数式と同じくらい簡単なのです。

事故のほとんどは衝突によって起きます。

車と車、もしくは車と建造物、車と人がぶつかる。すなわち「衝突」することが事故です。そして衝突は、1行で表せる次の条件で起きるのです。

停止するまでの距離＞障害物との距離

停止するまでの距離よりも、障害物との距離が短いから、衝突は起きるのです。

簡単ですよね。

基本的にドライバーは、前方もしくは後方に人や車、建築物などの障害物を発見して「危ない」と思ったら、反射的にブレーキを踏んで止まろうとします。自分からぶつかろうとする人はいないから、当然です。

ブレーキを踏んで間に合えば、障害物の手前で止まります。そして障害物の手前で止まれば、事故は起きません。つまり安全な運転とは、衝突が起きる前に必ず止まるような運転、ということになります。

事故とは障害物の手前で車が止まりきれず、衝突する現象です。では、なぜ衝突が起きる前に止まれないのでしょうか。

理由はただ１つです。上記の数式で表されるように、停止するまでの距離よりも、障害物との距離が短いからなのです。

これも考えてみれば当たり前です。

時速50キロメートルで進んでいる場合、障害物を認知した後停止するのに必要な距離は32メートルです。障害物との距離が20メートルであれば、当然衝突します。

では、停止に必要な距離が伸びてしまう要因、障害物との距離が縮んでしまう要因は何なのでしょうか。

停止するまでの距離 ＞ 障害物との距離（車間距離）

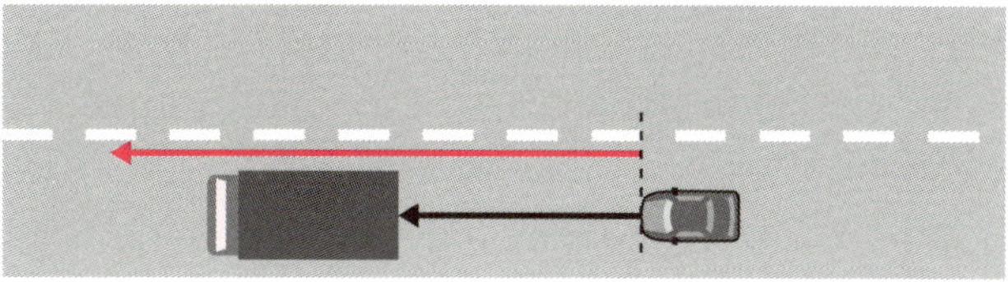

3-2 人類は適応できていない

答えは人類が自動車社会に適応できていないからです

冗談と思われるかもしれませんが、大真面目です。文明の発達に人間の進化がついていけていない。自動車社会に適応できていないんです。

図3を見てください。

停止するまでの距離＞障害物との距離

という数式を、さらに細かくしたものです。

前述したように衝突が起きるのは、停止に必要な距離が障害物との距離を上回って（超えて）しまうことが原因です。

では、なぜ停止距離が延長されてしまうのか。図にあるように、考えられる要因はいくつかあります。

ところが、多くの事故の原因になっている、重要なポイントは2つです。それは**認知・反応時間の突発的な延長**と**衝動的先急ぎ**です。

図3　衝突事故の発生メカニズムの理解

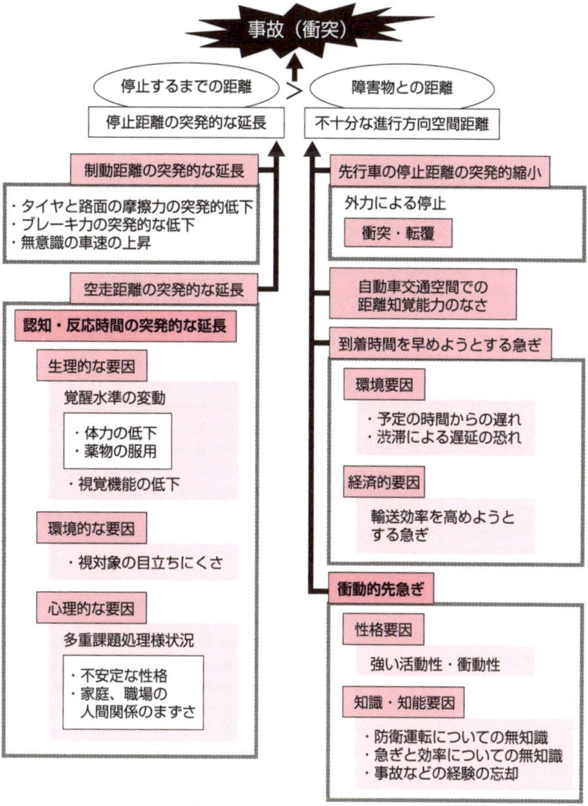

出典　『交通事故防止の人間科学』　ナカニシヤ出版　松永勝也編著

ルーツは38億年前にある

約38億年前、海の中で生まれたDNA（遺伝子）は、タンパク質と結合して単細胞生物を生み出しました。この時点から、生物の弱肉強食の生存競争が始まったのです。

生命保存上、最も重要なものは食料です。生物が生存し続けるためには、食料が絶対的に必要なのです。

つまり、私たちの祖先は生き残るために他の人よりも先に食料のあるところへ移動しなければならなかったのです。食料のあるところへの到着が多少遅れても腕力や知恵があれば食料を獲得できることもあるでしょうが、食料を最も効率的に確保する手段は他の競合よりも先に食料に到達することでした。逆に言うと、他よりも先に食料のあるところに到着できた生物が今まで生き延びてきたと言えます。

約400万年前に人類が誕生した際、人類は食料採取民族でした。食料を採取し生きてきたわけです。食料採取世界で勝つためには、相手より早く食料にたどり着くことが必要でした。

その観点から人間というものを考えると、認知・反応時間の突発的な延長と衝動的先急ぎという交通事故を引き起こす２つのポイントにたどり着きます。

3-3 人はなぜ集中できない？

パソコンや携帯電話を長い時間操作しないと、どうなるでしょうか？

多くは節電モードになり、電源が切れます。必要なときに必要なエネルギーを使うように設計してあるからです。パソコンと同様に、当然、人間のエネルギーにも限りがあります。

人は昔、食料を採取して食べ、生き長らえていたことはすでに述べました。他者と競争して食料を獲得するためには、食料を見つけたときに最大のエネルギーを放出・利用する必要があります。来るべきエネルギーの利用のために、普段はじっとエネルギーを貯めておく必要があるわけです。「ココが勝負！」という時以外は、人間にはエネルギーの消費を抑え、保存しようとする傾向があります。

集中する際にエネルギーを使うのは脳です。そして脳は身体全体のエネルギーの４分の１を消費する器官なのです。

図4　①通常状態での脳の緊張度の変動と
②高緊張の後の緊張の急低下

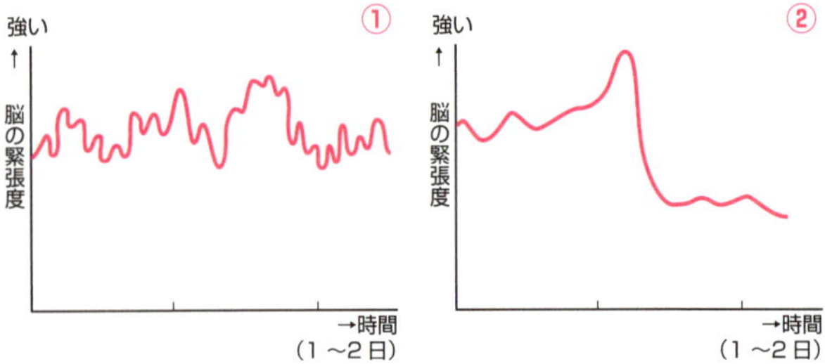

出典　『安全の交通行動科学』学文社　NIP 研究会編

もし脳が他の器官にかまわず自らの活動を活発にしたら、身体はたちまちエネルギーを使い果たしてしまいます。そのため脳には省エネの仕組みがあり、私たち自身は気づきませんが、緊張が必要な状況でも休憩をしている場合があるのです。

加えて、脳は活発に活動すると多くの熱が発生するにもかかわらず堅い頭蓋骨で包まれているため、すぐに熱を放出できません。しかし、脳の熱が上昇しすぎると、機能障害を引き起こす可能性があります。このような理由で、脳は自らの活動をできるだけ抑え、省エネを行うのです。

図4は、高緊張状態の後の緊張の急低下を表しています。

営業マンの方は、営業で車を使用する際のことを思い浮かべるとよいかもしれません。例えば、大事なお客様との大事な商談、これが決まれば数千万円の取引に発展する。前日の睡眠時間を削って、資料を創り上げた。緊張の中、10人の役員の前で見事にプレゼンをやり遂げた。ビルから出て、ふと一息ついて、「さあ、帰るか」こんな疲れた状況で、運転するとき十分な集中力を発揮できるでしょうか。

人間は生きていくために集中力を制御しようとします。常に高い水準で集中力を発揮することは、人間そのもののメカニズムに逆らうわけですから、非常に難易度が高いことなのです。

集中力が発揮できない状態で運転していると、どうなるでしょう。障害物が出てきたときに認知・反応するまでの時間に、突発的遅れが発生します。それにより「停止するまでの距離」が増大し、事故を引き起こすのです。

3-4 人はなぜ急ぐ？

「ありがとう、迎えに来てくれるの？」
「任せとけ！　じゃあ明日、14時だね！」
「わかった、楽しみにしてる！」

彼女には先日告白してようやくOKをもらったばかり。初のドライブデート、楽しみにしていたが……。

現在、13時40分。ここからだと、普通に行くとあと30分はかかる。

でも残された時間はあと20分。どうする……？

こんな状況であれば、先を急いでしまうのも無理はありません。付き合い始めたばかりの彼女を、初回のデートから怒らせてしまうかもしれません。怒られないまでも、関係が悪くなってしまうかもしれない。それだけは避けたい、と思うのは当然でしょう。

では、こんな場合はどうでしょう？

「今日はありがとうね！　楽しかったよ。」

「俺もとっても楽しかったよ。これからも宜しくね！」

デート終了。

余韻に浸りながら帰途につく。

帰り道、特に時間は気にしなくてよい。ゆっくり帰ればよいのに……。

・煽られてカッとなって加速してしまった
・横の車に追い越されそうになったので、加速して先行した
・前に強引に割り込まれたのでクラクションを鳴らした
・特に理由はないのに急いでしまった
・よくわからないが、気持ちがよいので急ぐ

こんな行動をとってしまうこともあると思います。

なぜでしょうか？

実はこれも、人が食料を獲得し生きてきたことと密接に結びつきます。食料採集社会で生き伸びるためには、競合する他人より早く食料に到達するしかありません。私たちには、生まれたときから、「他人より先に行こう」「そのために急ごう」という先急ぎの衝動が染み付いているのです。

これが「理由は特にないけど、急いでしまう」ことの正体です。生存競争に勝つにはスピードが必要であり、そのスピードを身につける事は「快感」なのです。

3-5 認知・反応時間と事故の具体的な関係

特に、認知・反応時間の遅れと事故に関しては具体的な因果関係があります。

例えば、図5は「KM適性検査」(注)を用いて、無事故者と

図5　人身事故を起こしたドライバーと平均的なドライバーとの認知反応時間の違い

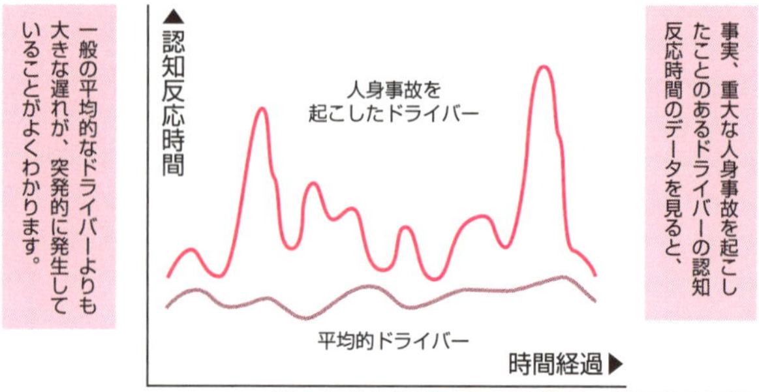
事実、重大な人身事故を起こしたことのあるドライバーの認知反応時間のデータを見ると、
一般の平均的なドライバーよりも大きな遅れが、突発的に発生していることがよくわかります。
▲認知反応時間
人身事故を起こしたドライバー
平均的ドライバー
時間経過▶

出典　『原始人が運転する自動車社会』　南福岡自動車学校

事故経験者に、ある単純な反応をさせ、その認知・反応までの時間を調べたグラフです。

平均的ドライバーに比較して事故者の認知・反応時間には安定感がないのがわかりますね。認知・反応時間の突発的な遅れが多く見られます。

（注）　KM適性検査

KM理論（P68参照）における事故の２大要因である「認知反応時間の突発的な遅れ」と「先急ぎ衝動の強さ」を図る適正検査。独自の運転シミュレータを用いて行う。

認知・反応時間の突発的な遅れに関しては、前方の画面に青色信号、黄色信号、赤信号を点滅させ、それぞれ青はアクセルを踏んだまま、黄色はアクセルを離す、赤はアクセルを離してブレーキを踏む、という反応をしてもらい、その反応速度のブレ（標準偏差）の強さを計測する。

先急ぎ衝動の強さに関しては、ある車がビルの陰に入り、出て来るまでの時間を被験者に人為的に測ってもらい、実態の時間と比較することにより計測する。

図6は、その検査結果の総計です。認知・反応時間の平均値は事故件数とそう関係があるとは言えませんが、標準偏差（ばらつき）が大きい人は事故件数が多く、標準偏差が小さい人は少ないことが明らかにわかります。

こういった認知・反応時間の遅れは、目が障害物のほうを向いていた（脇見をしていない）にもかかわらず発生します。注意しているつもりでもこのように反応にばらつきがあり、突発的な反応の遅れが発生したとき、事故を引き起こしてしまいます。事故を起こす人が繰り返し事故を起こしてしまうのは、このようなメカニズムによるものです。

交差点近くにおいて、前方に停止している車両にかなり接近して気がつき、ヒヤっとすることがあります。

これは前方の車両が急ブレーキを踏んだために生じたと思いがちですが、実はいつもより前方の車両の停止に気づくのが遅れたというケースも多いのです。でも多くの人がその遅れは偶然発生したと思い、それまでの運転の仕方を変えようとしません。これが、同一の人が繰り返し事故を起こしてしまうもう1つの理由でもあります。

図6　認知・反応時間の平均、標準偏差と事故件数の関係

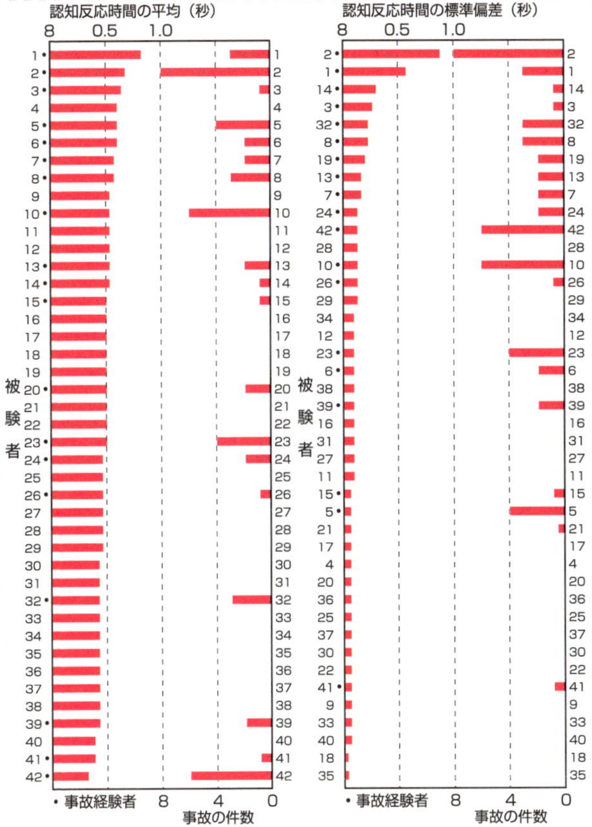

出典　『交通事故防止の人間科学』　ナカニシヤ出版　松永勝也編著

COLUMN

優秀な人ほど事故を起こす

勉強や仕事で優秀な人は、事故を起こさない。

一般的には、そう思われています。優秀な人は、何をするにも準備が整っている。そしてきちんと勉強するポイント、確認するポイントを知っている。それは運転にも当然当てはまります。勉強や仕事で優秀な人は、無理な運行のスケジュールをたてなかったり、走行中に確認するところをわかっています。当然事故は少ないはずですよね。

でもこれ、実は間違いです。
正確に言うと、「半分」間違っています。

確かに準備や確認においてはそのとおりでしょう。でも、事故を起こす原因はそれだけではありません。

勉強や仕事を頑張る人というのは、総じて人より「努力」している。寝る間を惜しんで、知識を吸収したり、仕事をして成果を挙げたり。ではなぜ彼らは努力をするのでしょうか？　これも実は、「先急ぎ衝動」によるものなのです。
大学に合格するため、競争相手となる他人より先に勉強して秀でよう。お客様の受注を獲得するために、競争相手となる他社や他人より先にいい商品を創ってプレゼンしよう。そういった「他者より先んじたい」という先急ぎの衝動が強いから、彼らは頑張るのです。

その意味で、先急ぎの衝動が強いというのは、全く悪いことではありません。逆に優秀な人である可能性が高い。
「せっかち」なのは自慢していいことです。でも運転のときだけは制御してほしい。これもあなたに伝えたい、大切なメッセージです。

4 たった2つの習慣で7割の事故を防ぐ

4-1 まず防ぐべき事故とは

まず防ぐべき事故とは、何でしょうか？

事故というと、飲酒運転事故や正面衝突などの大きな事故をイメージしがちです。しかし、この本を読んでいただいているような意識の高い方々に、飲酒運転をしている方はおられないと思います。また正面衝突の事故割合はそこまで多いものでしょうか。ここでは別の視点からフォーカスすべき事故を考えて

図7　当事者別事故件数

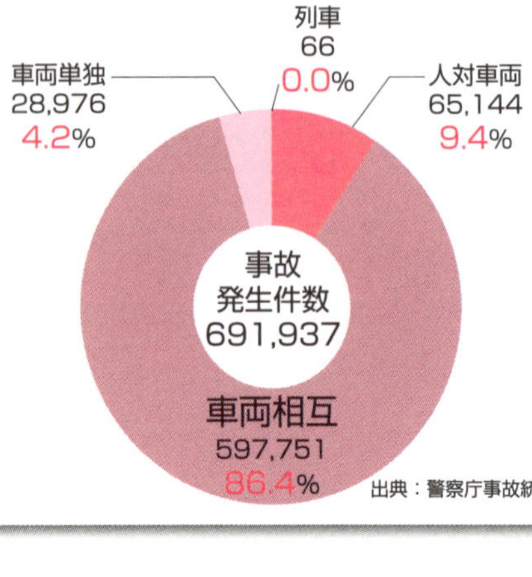

列車
66
0.0%
車両単独
28,976
4.2%
人対車両
65,144
9.4%
事故
発生件数
691,937
車両相互
597,751
86.4%

出典：警察庁事故統計（平成23年）

いきます。

図7は何と何の衝突によって事故が起きているかを表すグラフです。ご覧のとおり、車両と車両の衝突が86.4パーセントと、事故のほとんどの割合を占めています。そして、車両と車両の衝突の状況を、さらに詳細に表しているのが図8です。

図8　車両相互事故類型別グラフ

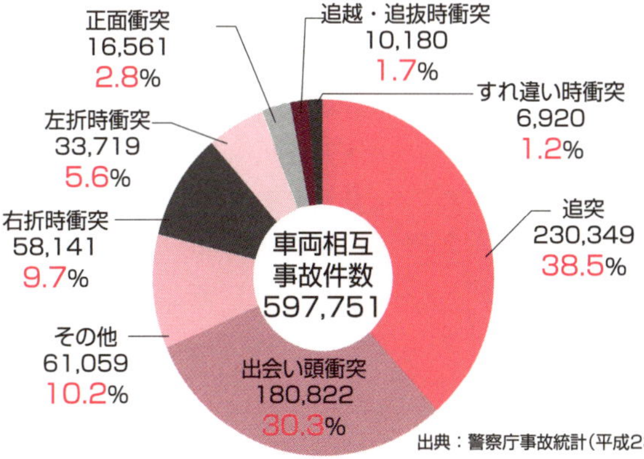

出典：警察庁事故統計（平成23年）

追突、出会い頭、右左折、正面衝突……と続きますが、おおよそ、追突が4割、出会い頭の事故が3割。これは全体の事故の割合ですが、同時に、一人一人が起こしてしまう事故の確率でもあります。

つまり、追突と出会い頭の事故にフォーカスし、この事故を起こさない運転行動をとれば、事故を起こす確率は7割減るということになります。

4-2 4割の事故を防ぐ習慣

全体の事故の約4割を占める追突事故を防ぐには、どうしたらよいのでしょうか？

注意する、集中する、前方車両の停止を予測する、脇見をしない……どれも正解です。ただ問題は、いずれも「確実にできること」ではないことです。注意する、集中するといった類の対策は、集中の水準を常に高く保っておくということ。これができないことはすでにお話ししました。

では、どうすればよいのか。

結論は、**「車間時間を４秒以上とること」**です。

まずなぜ車間「距離」でなく車間「時間」なのか。メートルでなく秒で測るのか。答えは単純で、「測りやすいから」です。

一般に、高速道路における安全な車間距離の大きさは、時速をメートルに置き換えた距離と教えられています。例えば、時

図9　4秒以上の車間時間

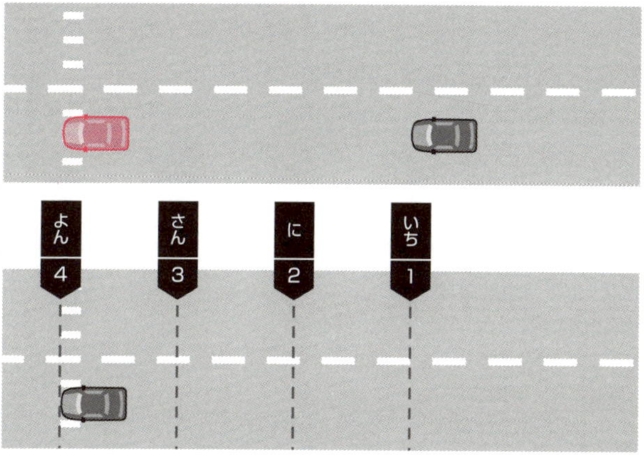

速100キロメートルで走行している場合の安全な車間距離は100メートルと教えられます。

ところが、現実には、前方の車両との間に十分な距離を目測で正確に測るのは困難です。10メートル前方にいる車が、どのくらい前にいるか、というのはわかります。ただし、100メートル前方にいる車が本当に100メートル前方にいるのか、それとも70メートル前なのか、判断がつきません。

一方、秒数であれば比較的誤差なく測定が可能です。

では、なぜ「4秒」なのか。

まず、ドライバーが前方の車両の停止に気付いてから止まるまでの時間を、大きく2つに分けたいと思います。

1つ目は、前方の車両の停止もしくは減速に気付くまでの時間です。ドライバーが認知して反応してブレーキを踏むまでの時間ということで「認知・反応時間」と呼ぶことにします。

2つ目は、ドライバーが反応してブレーキを踏んでから実際に止まるまでの時間です。これを「制動時間」と呼ぶことにします。

図10　認知反応時間と制動時間

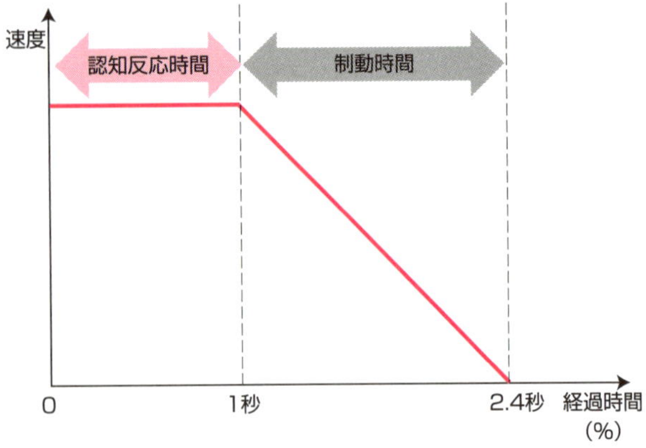

一般的な話として、認知反応してブレーキを踏むまで、約1

秒と言われています。また時速60キロメートルで走行中に急制動した場合のその自動車が静止するまでの時間は1.4秒と言われています（タイヤと道路の摩擦係数を0.63、平均減速度を初速度の½として）。

2.4秒あればいいという計算になりますが、ではなぜ、4秒必要なのでしょうか。

繰り返しになりますが、人の認知・反応時間には「突発的な遅れ」が生じるからです。

普段は1秒以下で反応できていても、何回に1回か（これは個人差がありますが）2秒程度かかってしまいます。これがどのくらい危険かというと、例えば、時速50キロメートルで走

図11　空走距離

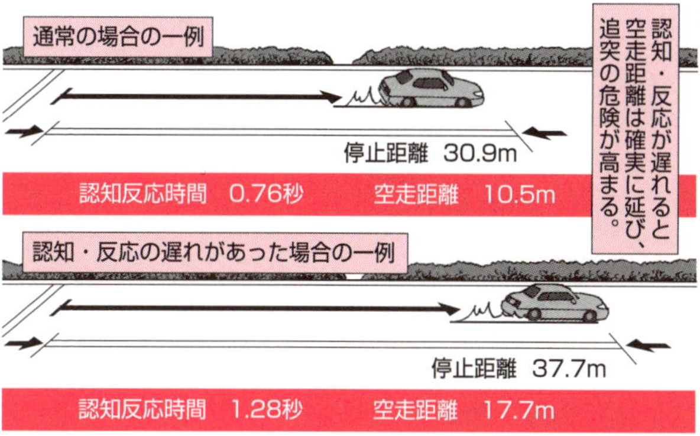

通常の場合の一例
停止距離　30.9m
認知反応時間　0.76秒
空走距離　10.5m
認知・反応の遅れがあった場合の一例
停止距離　37.7m
認知反応時間　1.28秒
空走距離　17.7m
認知・反応が遅れると空走距離は確実に延び、追突の危険が高まる。

『安全運転の基礎科学③』　南福岡自動車学校

行中、反応が約0.5秒遅れただけで、停止するまでの距離は約7メートル延びてしまうのです。

そんなわずかな遅れはいつでも誰にでも起こりえます。また予測しようがないし、防ぎようもありません。あらかじめ、それを考慮した車間時間をとる、ということであれば、誰でも簡単にできます。

様々な道路環境や速度であるにもかかわらず、平均的な車間距離は約20メートル程度だと言われています。この20メートルという距離は、野生動物同士の最小安全空間と言われています。他の動物が20メートル程度に近づくと危険と判断し威嚇や回避行動をとる最低の距離なのです。

そして私たちの中にも原始社会の最小安全空間の20メートルという距離感覚が残っています。このため運転でも先行車に20メートル程度まで接近して初めて危険を感じるのです。

高速道路では、なんと時速100キロメートル以上の速度で走行しているにもかかわらず20メートル程度の空間しかとってい

私たちの中にも原始社会の最小安全空間である20mという距離感覚が残っています。

このため運転でも先行車に20m程度まで接近して初めて〈危険〉を感じるのでしょう。

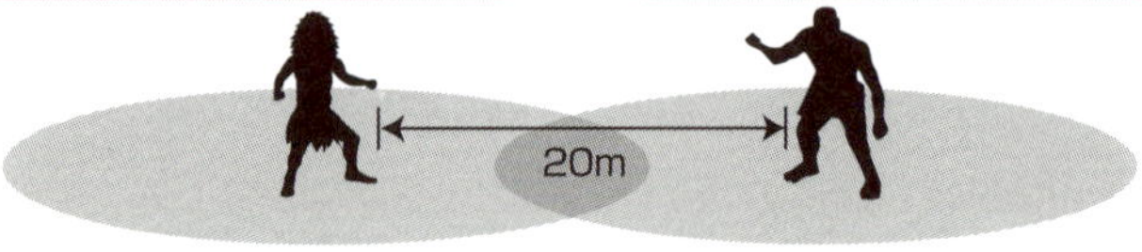

ない車が数多く見受けられます。この原始的な感覚が現代の交通社会に適応していないことは明白です。

遅れを考慮して、認知・反応時間を２秒と考える
制動時間を1.4秒と考える
余裕を0.6秒とる

これが追突を防ぐために安全な車間時間となります。

安全な車間時間の確保は、追突の防止になるだけではありません。４秒の車間時間をとることで、歩行者の飛び出しなど自分の進路の障害物を素早く発見して回避することができます。四方へ配慮する余裕も生まれ、このような人間的な行動を運転中に行うことが可能になるのです。心理的な余裕があれば自分が無理な割り込みをしたくなる衝動をコントロールできます。

さらにもう１つ、十分な車間時間を確保することで自主的な運転が可能となることも大きなメリットです。前の車の動きにまどわされずにゆっくりとスピードを落とすことができ、仮に後続車がピッタリと付いていたとしても後続車そのものもゆっくりとスピードを落とすことができるので、追突される危険の防止にもなるのです。

合計４秒以上の時間をとることで、追突事故は確実に起きなくなります。そして、自車の追突事故以外を防ぐことにも繋がります。

4秒の車間時間の確保は、4割の事故を防ぐ以上の効果があるのです。

4-3 3割の事故を防ぐ習慣

全体の3割を占める出会い頭の事故を防ぐには、どうしたらよいのでしょうか？

出会い頭の事故の多くは、信号のない交差点で、脇道から優先道路に進入する場合に起きます。優先道路にいる歩行者や自転車、バイクは「脇道から車は来ていないだろう」という思い込みがあるため、車の前に安易に飛び出してきます。

交差点事故で最も多いのは、実は出会い頭の衝突です。そして衝突対象としては、実は自転車が一番多いのです。

出会い頭の事故が起こるような見通しの悪い交差点には、ほとんどが一時停止の標識もしくは標示があり、停止線があります。

停止線があった場合、その手前で止まりますか？

安全運転講習などを行う際、私は必ずこの質問をします。すると、ほとんどの方が手を挙げます。ところが実際に運転してもらうと、なんと98パーセントの人が停止線の手前で停止しないのです。

これは一体なぜなのでしょうか？

実はほとんどが、「停止線の手前で止まっても周囲が見えないから、停止線を過ぎてから止まる」という理由によるものなのです。「ずっと手前の停止線で止まっても見えないので意味がないし、時間の無駄、早く確認して脇道を出たい。だから優先道路まで進まずにはいられない」。という心理状態でしょう。

確かに停止線の手前で止まっても周辺の視野は確保できません。「やはり少し前に出て……」という気持ちになります。

ただ、思い出してほしいのは、衝突する対象として最も多いのは、自転車だということ。停止線を過ぎて停止した場合、歩道を走る自転車（法規違反ですが）と一気に出くわしてしまうことになります。

図12　見通しの悪い交差点の停止線手前で止まっても見えない

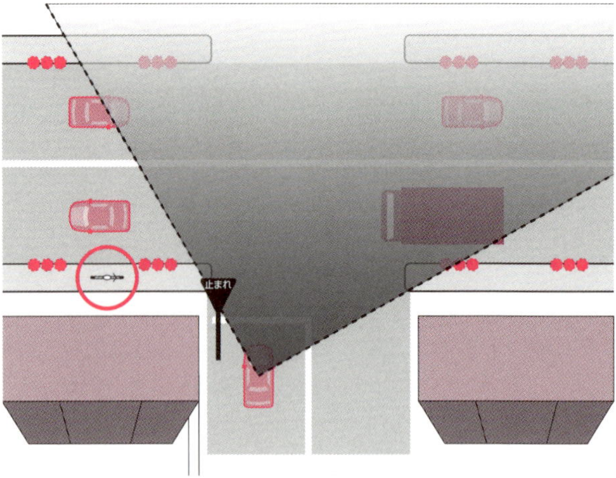

ここで、一時停止場所を徐行だけで抜けようとした場合、事故を防止できるかについて実験を試みました。

脇道を走行してきた車は一時停止線付近で時速15キロメートル（秒速4.16メートル）に減速して右折するため優先道路に進入します。車が優先道路のバイクを確認してからブレーキを踏み車頭がどのくらい優先道路に出てしまったかを測定しました。またバイクの停止距離も別に測定しました。車がバイク

図13　一時不停止事故の発生

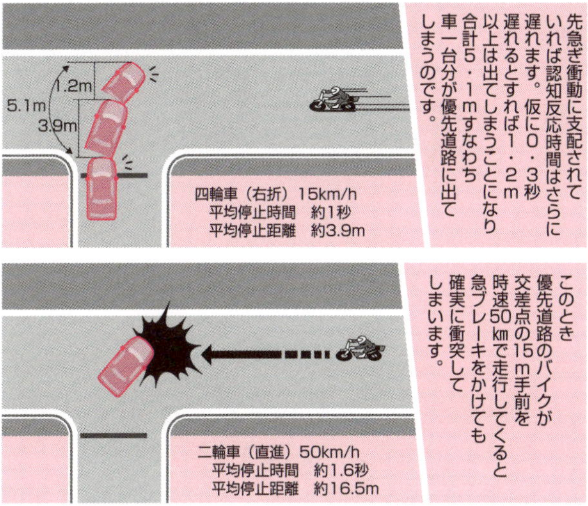
1.2m
5.1m
3.9m
四輪車（右折）15km/h
平均停止時間　約1秒
平均停止距離　約3.9m
先急ぎ衝動に支配されていれば認知反応時間はさらに遅れます。仮に０・３秒遅れるとすれば１・２ｍ以上は出てしまうことになり合計５・１ｍすなわち車一台分が優先道路に出てしまうのです。
二輪車（直進）50km/h
平均停止時間　約1.6秒
平均停止距離　約16.5m
このとき優先道路のバイクが交差点の１５ｍ手前を時速５０㎞で走行してくると急ブレーキをかけても確実に衝突してしまいます。

を発見して完全に停止するまでの平均時間は約１秒です。この結果、車は約3.9メートル優先道路に出てしまいます。先急ぎ衝動にかられていれば認知反応時間はさらに遅れます。仮に0.3秒遅れるとすれば1.2メートル以上は出ていることになり、合計5.1メートルすなわち車１台分が優先道路に出てしまうのです。こうなると優先道路のバイクが急ブレーキをかけても確実に衝突してしまいます。またバイクが無理に衝突を回避するためにハンドルをきった場合には転倒は免れません。もし急制動でタイヤがロックすればハンドルが利かずそれを避けることは困難になり、大事故を起こしてしまいます。仮に避けることができても対向車が来ていれば衝突の回避は不可能になります。

つまり、バイクから見れば約1秒で前方に壁が突然できたのと同じことになるのです。その結果、人命に関わる重大事故が発生してしまうのです。

では、どうすればよいのでしょうか。

2度停止の実践

停止線の手前で止まり、その後見通しの良い場面でさらに止まる、という「2度停止」の行動をとることが重要になります。

まず停止線の手前で止まることで、自転車やバイク、歩行者をやりすごすことができます。運転席からはまだ視野は確保できませんが、車頭を少しずつ見せながら徐行することで、自転車や歩行者側からは自分の車が見えるようになります。そのように自車を見せながら徐々に進行していき、見通しの良い状態でさらに停止・確認して走行すればよいのです。

「2度も停止を？」と思う人もいるでしょう。「2度目は徐行でよいのではないか」という考えもあると思います。しかし、

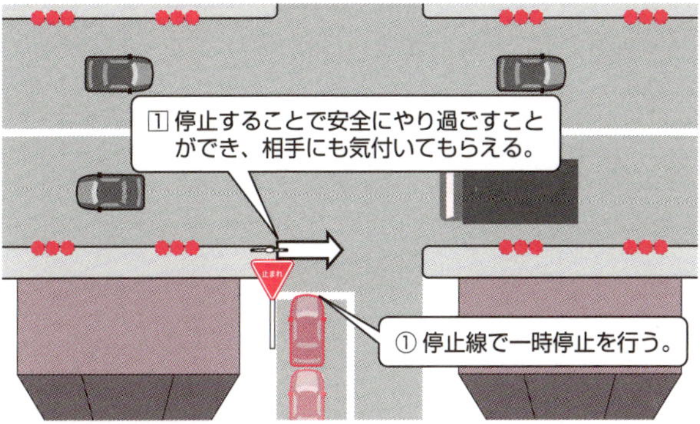
1 停止することで安全にやり過ごすことができ、相手にも気付いてもらえる。
止まれ
① 停止線で一時停止を行う。

図14　二段階停止　一回目

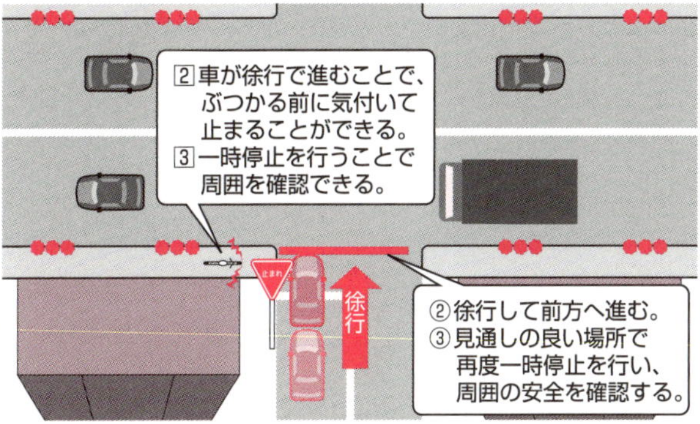
2 車が徐行で進むことで、ぶつかる前に気付いて止まることができる。
3 一時停止を行うことで周囲を確認できる。
止まれ
徐行
②徐行して前方へ進む。
③見通しの良い場所で再度一時停止を行い、周囲の安全を確認する。

図15　二段階停止　二回目

徐行の場合と一時停止した場合では確認できる情報量が２倍ほど違うのです。

視野を確保するまでは１度停止した後に車頭を見せながらじわじわ進むこと、視野を確保した後は停止して十分に確認し見落としをなくすこと。

停止線の手前で停止することを加えてこれらを実践すれば、出会い頭の事故を起こすことはまずありません。

5 その他の事故を防ぐ習慣

5-1 その他の事故を防ぐ習慣① バック時の事故

バックでぶつけた経験。おもちじゃないですか？

バック時の事故は低速でありかつ駐車場などで起こることが多いため、大きな事故に繋がる確率は追突や出会い頭に比べ低いと言えます。

ただし、頻度で言うと全く違います。物損事故に関しては事故の件数の半分を占めるのが、駐車場でのバック事故と言われています。

バックして駐車をする際の行動パターンは３つあります。

1　確認してから、バックする
2　確認しながら、バックする
3　バックした後、確認する

あなたはどんなパターンで行動しているでしょうか。

実はほとんどが２や３のパターンでの行動なのです。

人間は歩行社会で生きています。歩行社会で、１のパターンで行動する人はいません。わざわざいったん止まって進行方向を確認してから進む人はいませんよね？　歩行社会においては、これでもよいのです。そもそも速度が遅いので衝突はしにくいですし、人と人とがぶつかっても大したことはありません。

ただ、車社会においては違います。確認しつつの行動では間に合いませんし、間に合わなかった場合のダメージは歩行の場合とでは比較になりません。

問題は歩行社会での行動パターンが、人間の脳に染み付いていることです。行動を起こす際、神経系を司る小脳がそのパターンを反射的に採用するため、どうしても運転時にも確認と行動を同時に行いがちです。

そのような習性を自覚し、運転時には必ず確認後にバックする、1のパターンで行動する必要があります。

5-2 その他の事故を防ぐ習慣② 右左折時の事故

「右折では、信号が青になったら早く行く」

「右折は危ないので、ゆっくり行くよりも早く行くほうが気分的に楽である」

「黄色点滅だったら通過する、通り過ぎたら忘れる」

交差点での右折通行に関してのアンケートのコメントです。

図16　交差点での右折通行

図17　サンキュー事故の危険

(江上. 2012)

交差点には、無数の危険が潜んでいます。にもかかわらず、到着時間短縮のため早く通り過ぎたい、危険だからこそ早く通り過ぎたい、という気持ちが生じ、逆に急いでしまう、恐ろしい場所です。

右折するときも、まず前の車との車間を4秒以上の十分な空間にすることが大事です。そうすることで、先行車の急停車や急な車線変更にも対処でき、かつ自主的な運転が可能になります。

次に進入速度を時速10キロメートル以下にすることが大切です。速度によって確認の精度や範囲は大きく違ってきます。確認の遅れを防ぎ停止距離の延長を防ぐためには、進入速度を時速10キロメートル以下にすることが重要です。

そして車の大きな切れ目を待って右折します。切れ目で対向車が止まった場合、いわゆる「サンキュー事故」(注)の危険があります。対向車の陰にバイクや自転車がいないかどうか確認できる位置で一時停止し確認の上、進行しましょう。

左折においては、右折の際と同様に、車間時間を十分に確保した上で、進入速度を時速10キロメートル程度に落とし、バックミラー、サイドミラー、目視による確認を行って走行することが大事です。

(注) 優先権のあるべき車両が優先権のない車両に通行を譲ることで起こる事故

5-3 その他の事故を防ぐ習慣③　高齢者の事故

「最近、疲れてててボーッとする時間が多いな……」
「なんか見落としが多くなった気がする……」

年をとると、運転にも少しずつ影響が出始めます。これは仕方のないことです。

１つ目は、視力、筋力、持久力、脳の働きなどの、具体的な能力の低下です。運転技能そのものは安定していることが多いのですが、「深視力（注）の衰えによる見落としの増加や距離感の欠如」「視野がせまくなったことによる見落とし」「筋力低下により確認行為が雑になる」など様々な変化があります。なかでも大きな変化は、「認知・反応時間の突発的な遅れが起きやすくなること」です。やはり高齢者は壮年者よりエネルギーの総量の問題がありますから、より省エネをしようとするため、集中水準の維持がしづらくなるのです。

こういった能力の低下はよく言われていますが、実はもう１つ重大な変化があります。高齢者の方は、先急ぎ衝動による行動がより強化されてしまうのです。この驚くべき事実こそ、実は重大な変化なのです。

脳には大脳辺縁系（大脳旧皮質）と大脳新皮質と呼ばれる部

（注）　深視力＝遠近感や立体感を把握する能力

図18　年齢層ごとの認知・反応時間のばらつき度の大きい人の出現率

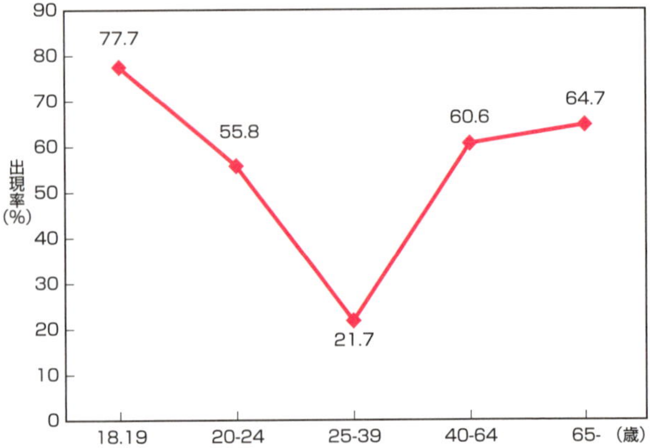

出典　『交通事故防止の人間科学』　ナカニシヤ出版　松永勝也編著

位があります。

大脳辺縁系は本能や感情を司る部位です。楽しい、嬉しい、悲しい、などの感情や食欲、睡眠欲、性欲などの欲求、また生存競争本能もこの部位で感じます。

一方、大脳新皮質は理性や論理を司る部位で、考えたり計算したりする場合に使われる部位です。周囲の状況を見て「スピードを抑えよう」「一時停止しよう」と判断するのもこの部位です。

子供や若年層は、この大脳新皮質が発達していません。近辺

旧皮質の制御
大脳新皮質
学習・知識・思考etc
旧皮質の制御
旧皮質
呼吸・循環・消化etc
生存に必要なプログラム
（生存競争本能）

本能のまま走ろうとする馬を旧皮質とすると、それをコントロールする騎手が新皮質と言えるでしょう。

にあるものを口にくわえる、急な飛び出しをする、泣く……など、感情的・衝動的に行動してしまうのはこのためです。

高齢者は、一生かけてこの部位に情報を取り込んで周囲との協調性のある合理的行動ができるようになってきたのに実はこの部位の力が弱くなってしまっているのです。何度も同じことを話そうとしたり、わがままになってしまうのはこの新皮質の力が弱くなっているから、と言えます。高齢になると頑固になる、自己中心的になる、嫉妬する、甘える、自慢する、出しゃばる、などの変化が現れることがあります（もちろん表出のされ方に個人差があることは言うまでもありません）。

図19を見てください。若年層の先急ぎの衝動が高い一方、高齢になるにつれて先急ぎの衝動が高くなっているのがわかります。

高齢者はそういったことを自覚して、より大きな車間時間の保持と完全な2度以上の一時停止を行うことが必要となります。

図19　年齢層ごとの先急ぎ衝動の強い人の出現率

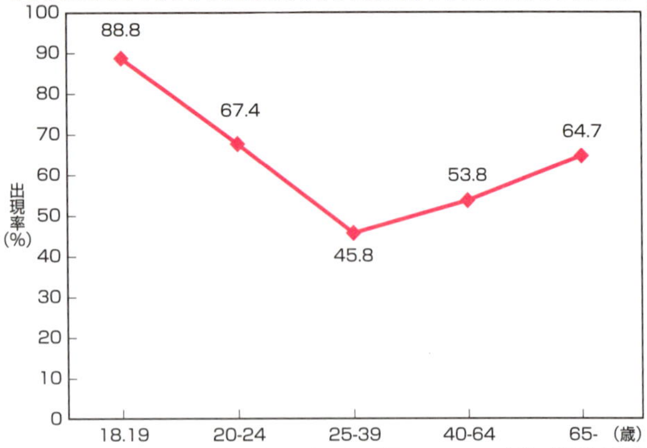

出典　『交通事故防止の人間科学』 ナカニシヤ出版　松永勝也編著

COLUMN

「車間距離を空けると渋滞が起きる」のウソ

渋滞は好きですか？

「渋滞が好き」という方はほとんどいないでしょう。渋滞に出くわすと、時間には遅れるし、車の中はヒマだし、理由なくイライラするし、音楽は2巡目だし、トイレに行きたいし……いいことはありません。ちなみに、道路での交通渋滞による経済損失は、年間およそ12兆円と言われています。ただ、なんで渋滞が起きるかについて、私たちはあまり考えません。ここでは、どんなことが原因で渋滞が起きるか、少し考えてみたいと思います。

渋滞は、上り坂およびサグ部と呼ばれる下り坂から上り坂にさしかかる部分で6割以上発生しています（NEXCO東日本HPより）。

ゆるやかな上り坂に車が差しかかると、ドライバーは上り坂だとは気がつかず、アクセルの踏み込みはそのままなのでスピードが落ちてきます。

ある程度スピードが落ちるとドライバーは再度加速しますが、時すでに遅く、後続車はブレーキを踏みだし、それが後ろの車に波及してさらにブレーキを踏ませ、これが渋滞となる。

ただし、車間距離を十分にとっていれば、前を走る車の減速は後続車にまったく影響を及ぼさない。

車間距離が大きくなると、車間距離を含めた1台あたりの占有面積が大きくなり渋滞を引き起こす、と一般的には考えられていると思います。しかし、ドライバーは「意思」を持っています。車間距離が短い状態で前の車にブレーキランプが灯れば、衝突を避けようとして必要以上にブレーキを踏みます。それが後ろの車にどんどん波及していき、停止時間の増大を招き、結果的に渋滞が起きやすくなるのです。一方、車間距離を十分にとっていれば、1台あたりの占有面積は大きくなりますが、余分な加減速がないため上記のような渋滞は起きづらくなります。

「車間距離を空けると渋滞が起きやすい」というのは間違いです。そして当然のことながら、事故リスクの大幅な削減にも繋がります。メリットばかりですね。

6 習慣を確実に身につけるために

6-1 急いでも早く着かない

車間時間４秒

一時停止２回

「安全なのはわかったけど、そんなダラダラ運転してられないよ！」

気持ちはわかります。前述したように、先を急ぐ衝動、というのは生存のために本能的に人間に染み付いている機能だからです。

「目的地まで12.5キロメートル程度、約30分。あなたの運転であれば通常の運転よりどのくらい到着時刻を縮めることができますか？」

以前、タクシードライバーの方にアンケートを取りました。その際、５分～10分短縮できる、と答えた方がほとんどでした。速度を上げて急ぐ運転をすることによる期待感というのはものすごく高いものです。

では、実際はどうだったか。

図20は、福岡空港と福岡市近郊との間の12.5キロメートルの区間で行った走行実験の結果を示したものです。驚くことに、先を急いだ運転と、車間距離を４秒、一時停止を２度以上

した場合の到着時刻の差は平均して２分45秒しかありませんでした（道路状況等によってかわってくるものなので、一概には言えません）。多くのタクシードライバーがものすごい「錯覚」を起こしていることになります。

なぜ、そのような錯覚が起きるのでしょうか。人間は、歩行社会で生きていますから、例えば500メートル先を行かれ、前の車が見えなくなるとものすごく先を行かれた気分になります。でも考えてみると500メートルということは車の速度で言えば時速60キロメートルで走行している場合、30秒程度の差でしかありません。

図20　先急ぎによる所要時間変化の実験結果グラフ

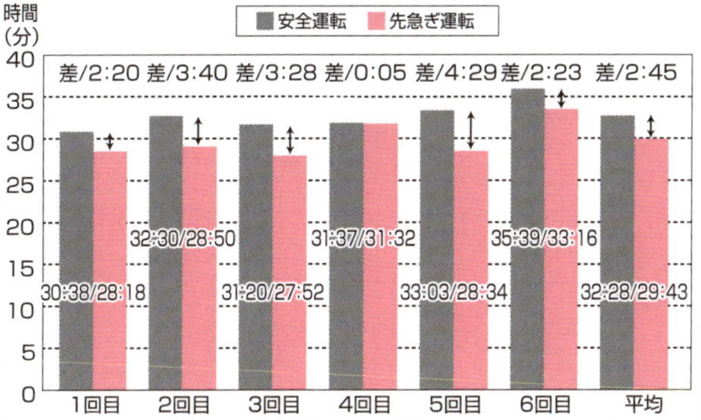
時間
（分）
安全運転
先急ぎ運転
40
35
30
25
20
15
10
5
0
差/2:20
差/3:40
差/3:28
差/0:05
差/4:29
差/2:23
差/2:45
30:38/28:18
32:30/28:50
31:20/27:52
31:37/31:32
33:03/28:34
35:39/33:16
32:28/29:43
1回目
2回目
3回目
4回目
5回目
6回目
平均

出典　『交通事故防止の人間科学』　ナカニシヤ出版　松永勝也編著

先を急げば時間が短縮できるという錯覚と
先を急いでも安全だという錯覚

そういった錯覚のために、人間は事故のリスクを極大化させ、燃費を悪くし、環境を害し、自分の健康をも害してしまっているのです。

図21　先を急ぐメリットとデメリット

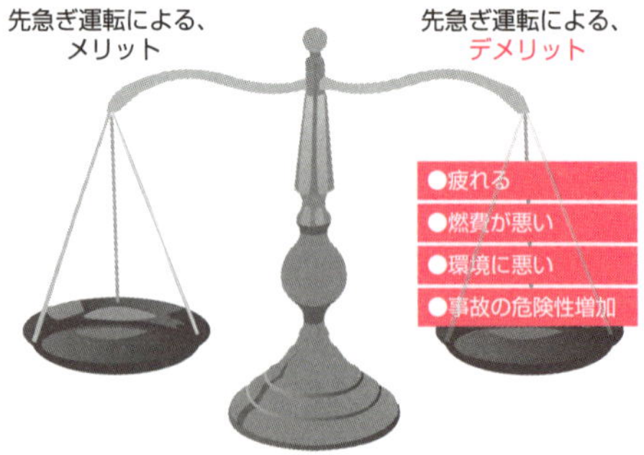
先急ぎ運転による、
メリット
先急ぎ運転による、
デメリット
●疲れる
●燃費が悪い
●環境に悪い
●事故の危険性増加

6-2 重要なのは自分を知ること

例えば営業成績を上げることにおいて最も重要な要素とは？

①プレゼンのテクニックを覚えること？
②人当たりをよくすること？
③計画的に時間を使うこと？

どれも正解でしょう。ただ、最も大事なことは何か。それは、「ありのままの」自分を知ることです。何に時間を使っているのか、どんなトークをしているのか。まずは自分の現状を知る。そして「こうなっていたい」というあるべき姿を定義する（そのあるべき姿の中に、プレゼンのテクニックや時間の使い方があるのだと思います）。そしてそのあるべき姿に向かってひたすら努力する。こうした努力が成長に繋がります。

図22　運転における成長

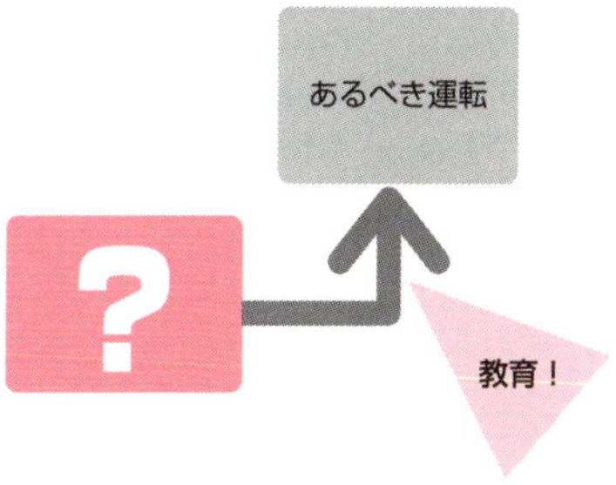

運転における成長も同様です。

運転で言う“あるべき姿”というのは前述の「車間時間４秒以上」「２度以上の一時停止」ということになりますが、現状の自分を知ることがないと、何をどう変化させていいのかがわかりません。

何に関してもそうですが、人間は自分を「自分ではある程度できているのではないか」「自分に限ってはちゃんとできている」という風に甘く見積もりがちです。

実は、ほとんどの人は適切な車間時間保持や一時停止をできていないのが現状です。

自分のことをよく知るには、ありのままの状態を、客観的に、行動を通して知る、ということが必要です。

例えば市販のドライブレコーダなど運転を録画できる機材を使い、ドライバーの普段の運転を録画し、その運転を自身の目で振り返る、という行動が挙げられます。

心理学用語で「メタ認知」と呼ばれる手法ですが、通常の車を使用しただけの研修と比較して、非常に効果的であることがわかっています。

ポイントは、「すぐに」振り返るということ。昨日やった行動なんて、ほとんど覚えていませんし、自分自身の正確な認知に繋がりません。

図23　運転フィードバック

普段の運転を録画する
録画した運転を直後に確認し、自身の運転挙動を客観的に確認する

COLUMN

判断力は高めるな

人間、『判断力』って大事ですよね。ヒトは、一つひとつ、『判断』して物事を決めている。その判断する力を高めれば、だいたいのことはうまくいく。

成功する人は、判断力が高い。逆に言うと、判断力が高ければ、必ず成功する。

ほとんどのビジネスマンは、『判断』するために、情報を収集して、判断の仕方（＝フレームワーク）を勉強している。

そうだ、俺も、判断力を高めよう……本当にそれでいいのでしょうか。

『判断』とは物事を理解して、自分の考えを定めることです。例えば道に硬貨が落ちているのを見て拾う動作は、目から入った情報が大脳新皮質まで送られた後で、意識的な動作として四肢などに伝えられます。

一方、朝、「おはよう」と挨拶するような、習慣でなんとなくやっている行為は、情報は大脳新皮質まで送られるものの、行動の中枢はそれ以前にあるので、大脳新皮質を通るよりも短い経路で情報が伝達され、より早い行動となっています。

前者を『判断』とし、後者を『習慣』と定義するとします（学術的に言うともっともっと緻密な定義はありそうですが、ここでは省略します）。では、人間、一日にいくつのことを判断しているか。

——普段の何気ない会話は？　——ゴルフのスイングは？

——朝、歯を磨くのは？　——「おはよう」の挨拶は？

一つひとつの行動を見ていくと、多くは『判断』ではなく『習慣』だということがわかります。計算すると、一日のうち、ほとんどが『習慣』で行動していて、『判断』しているのは、せいぜい数十個くらいのものではないでしょうか。

ということは、『判断』より『習慣』のほうが実は重要、もっと言うと『判断力』より『習慣力（良い習慣を身につけること）』のほうが重要だ、という見方もあると思います。

運転も同様のことが言えるのではないでしょうか。

確かに、大事なポイントでは状況をしっかり『判断』し危険を予測して減速する、一時停止する、というようなことは重要です。ただし、その裏で習慣的に行われている膨大な運転行動があることを忘れてはいけません。

そして、一番大事なのは、運転行動における『判断』には心理的・時間的余裕が必要であること。判断する時間を確保する習慣を身につけていないと、判断力を活かす場面すらありません。車間距離がぎっちり詰まった余裕のない状態で、周囲を見渡し、状況を『判断』することは、極めて難しいのです。

運転時に大事なのは、『習慣力』ありきでの『判断力』なのです。

7 企業の安全運転管理者の皆様へ

「先月事故を起こしたばかりなのに、またあいつが……」
「この前言ったばかりなのに……」

社員の事故は絶えません。
そして同じ人が何度も何度も起こします。

「安全運転」の定義が明確になることで、安全運転管理の方法も明確になります。安全運転管理のゴールは「車間時間４秒」「２度以上の一時停止」といった運転行動をドライバーの方に習慣化させることです。とるべき具体的な運転行動が不明瞭であることは、すなわち管理の仕方が不明瞭であることと同義です。

また、講義や研修をやることにより一定の効果は確実にありますが、一度の教育で全員に完全に定着することはありえません。これはどんな教育であっても同じです。事故を防止し続けるには、モニタリングと教育のサイクルをずっとまわし続ける以外にないのです。

ここでは、ＫＭ理論(注)を活用し事故防止の成果を挙げたいくつかの企業についての事例を紹介します。

(注)　ＫＭ理論
九州大学名誉教授松永勝也教授が提唱する、自動車運転の事故は認知反応時間の突発的な遅れによる停止距離の延長と早着・先行衝動に基づく進行方向空間距離の短縮、の２大要因にて起こる、とする理論。事故を「衝突」という物理現象と捉え、衝突を防ぐための人間の行動を理論的に具体化・数値化させている。(K＝九州大学　M＝松永勝也教授)

■通信会社　A社

○企業概要

- 情報通信ネットワークの保守、運用、販売
- 社員数　800名
- 運転者は約600名、運転頻度は職種によって異なる

○車両台数

- 300台

○事故状況

- 2011年度：人身事故10件
- 事故ではないが荒い運転に対する苦情がほぼ毎日のように入る（2011年度）

○事故防止の取り組み

- ドライブレコーダのGセンサーから上がる情報で危険運転者をスクリーニング
- 危険運転者の運転画像を専任管理者が確認。車間距離や一時停止の傾向を目視でチェックし、再スクリーニング
- スクリーニングされた場合、対象者の運転を禁止しKM理論での研修受講を義務づけ
- AからDの４段階判定でB以上になるまで運転を禁止

○結果

2012年度（12月時点）：人身事故０件

上記取り組みを開始して約１年、人身事故がゼロになる

〈成果に繋がったポイント〉

ドライブレコーダを活用している企業というのはたくさんあります。ただ多くの企業は、事故時の証拠として画像を活用する、あるいは運行管理に活用することはできていても、効果的な安全運転管理に繋げることができていません。

ドライブレコーダで取れるデータというのは、GPSによる位置情報と速度情報、それをもとにした急加速や急減速の情報になります。速度情報をもとに急加速や急減速があった場合にアラームを上げるような管理をしている企業が多くありますが、逆に、ドライバーが急減速を嫌い急ハンドルをきって大きな事故になってしまうような例も報告されています。

- 「車間時間４秒」などのあるべき運転（＝模範回答）を明確にすること。
- ドライブレコーダの情報は「急な加減速が多いということは、車間距離を詰めているのではないか？」と、「結果」でなくあくまで「仮説」として活用すること。
- 必ず目視で運転をチェックすること。
- 基準に引っかかった場合は実車研修を行うこと。

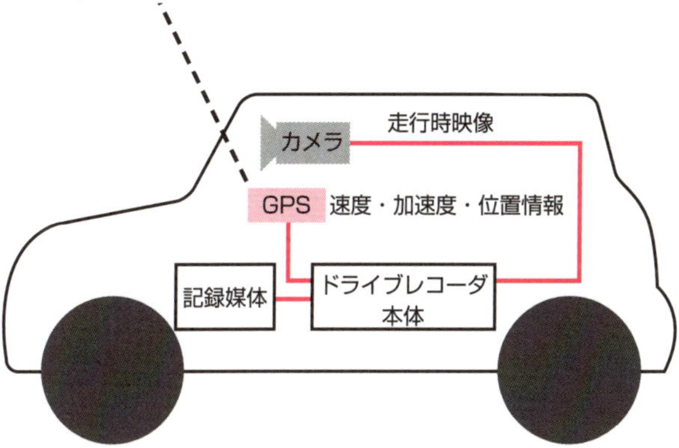

これらを徹底して実行することが成果を上げるポイントと言えます。

■医薬品卸会社　B社

○企業概要
- 医薬品・医療機器の卸・販売
- 社員数700名
- 運転者は500名、MR（医薬品営業）職は1日5時間程度を運転に費やし、一人当たりの1日の平均走行距離は100kmに及ぶ

○車両台数
- 約300台

○事故状況
- 数年前に加害死亡事故の経験あり
- 2011年度：物損事故110件、人身事故10件の有過失事故あり
- 保険料優割20%まで落ち込んでいる

○事故防止の取り組み
- まず入社前に研修機関で「運転診断」を実施。
  「運転診断」で運転の技術面と行動面（車間距離、一時停止など）の診断を実施。診断に引っかかった場合、研修を実施
- 研修実施後、再診断を行う
- 診断合格後も社内の安全運転検定を実施。合格者のみ「社

内運転免許」を交付

- 交付後も定期的な安全運転診断・教育を絡めた免許更新の制度を設ける。また有過失割合50パーセント以上の事故を年に２度以上起こした場合、社内運転免許は取消しとなる。

○結果

- 2012年度　物損事故70件、人身事故０件の有過失事故に減少
- 保険料の優割が60％まで上昇

〈成果に繋がったポイント〉

採用した新人にすぐにハンドルを握らせること。これは極めて大きなリスクです。前述のように新入社員の方というのは技能だけでなく運転行動も未熟で、多くの事故は若年ドライバーが引き起こしています。

当然ですが、一定の運転技能や行動のレベルを担保しているドライバーだけハンドルを握っていれば事故のリスクは極めて少なくなります。

Ｂ社の場合、普通免許制度より基準が高い運転免許制度を創り、運転を普通免許制度より厳しい「許可制」にしていることがポイントとなります。これにより基準が明確になり、初期段階で基準を満たし、かつ基準を満たし続けないと免許更新ができない＝普段の業務ができない、となります。こうなれば、当

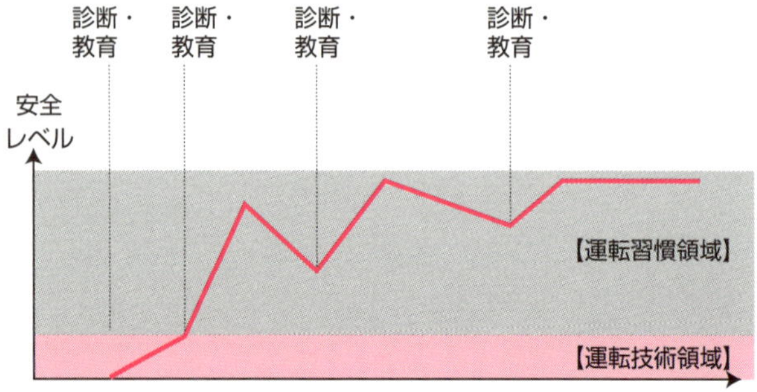
診断・教育
診断・教育
診断・教育
診断・教育
安全レベル
【運転習慣領域】
【運転技術領域】

然意識は高まり、基準として定義している運転習慣が身に付きやすくなります。

そしてもう一つのポイントは、運転の「技術」面だけでなく、前述の車間時間や一時停止といった「習慣」面に焦点を当てていること。運転というのはやればやるほど上達しますので、リスクは局所的です。ですが「習慣」というのは今後の運転にずっと影響を及ぼすもの、つまり継続的なリスクとなります。「習慣」に焦点を当てて基準を設けたこと。これが事故防止という結果を生んでいるのです。

例に挙げたA社、B社ともに、ドライブレコーダを用いるのか、免許制度を用いるのかなどの違いはありますが、プロセス（運転の行動と習慣）、あるいは結果（過失事故有無）に明確な基準を設けること、そしてその基準に従って明確なルールを設けるという点では一致しています。

8 パターン別運転行動クイズ

問題　パターン1

午後6時、訪問先からの帰り道、通勤渋滞の中、幹線道路を直進していた。ふと歩道の歩行者に気を取られたすきに、前の車が急停止し追突を起こした。どのような運転をすればよかったか？

A　絶対に脇見をせず、常に前方に集中しておく
B　ブレーキに足を置いておき、素早く反応する
C　車間時間を４秒空けておく
D　前の車が停止することを予測しておく

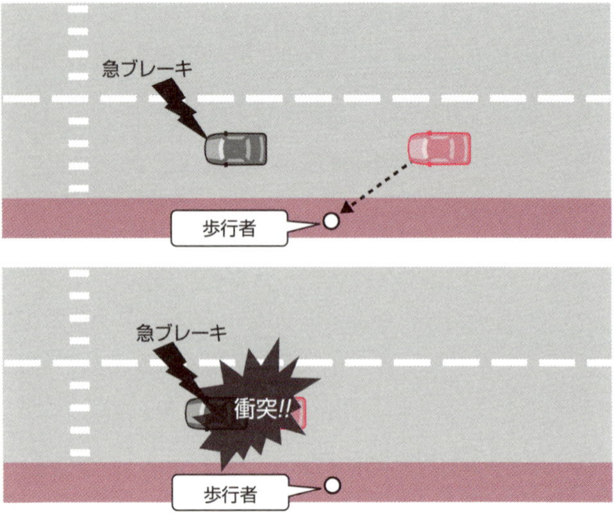

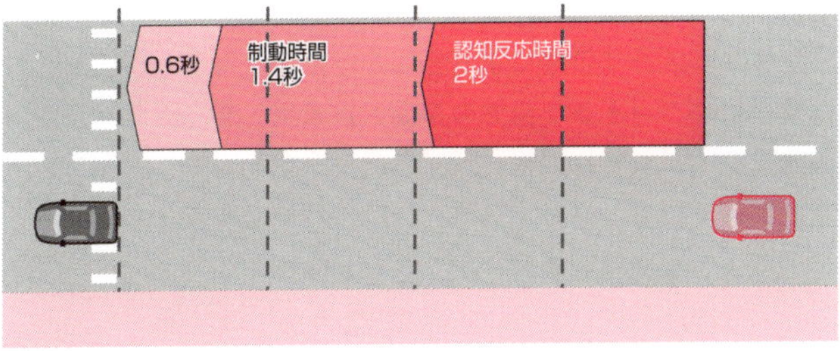

解答

答えは、Cです。

Aのように脇見をせず常に集中しておくことはもちろん大切ですが、人間は動くものに自然に反応してしまうなどの「無意識的脇見」をする習性を持っているため、避けられない脇見があり、100パーセント実践することは難しいのです。

DもAと同様です。変化する状況を常に予測するにはずっと高度な集中をしなければならず、これは不可能に近いと言えます。またBにおいては、結局は認知することに遅れが生じているため、根本的な解決策にはなりません。Cのように渋滞の低速時でも十分な車間時間を取ることが根本的な解決となります。

問題　パターン2

午後8時ごろ、渋滞による発進と停止を繰り返す中、バイクが前方の車両と自車両の間に割って入ってきた。バイクの発見が遅れ事故になった。

どのような運転をすればよかったか？

A　渋滞時は後方からバイクが来ることを予測しておく

B　ブレーキに足を置いておき、素早く反応する

C　車間時間を４秒空けておく

D　バイクが入れない運転をする

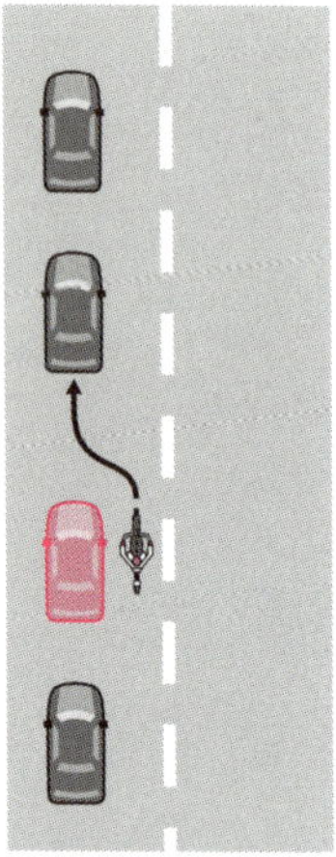

解答

これも答えは車間時間のＣです。

Ａのように予測しておくことは大事ですが、渋滞で意識水準が低下しているときに予測し続けることは難しいものです。

Ｄは前車への追突の危険がありますので推奨できません。

Ｂは認知・反応することに遅れが生じているため根本的な解決にはなりません。

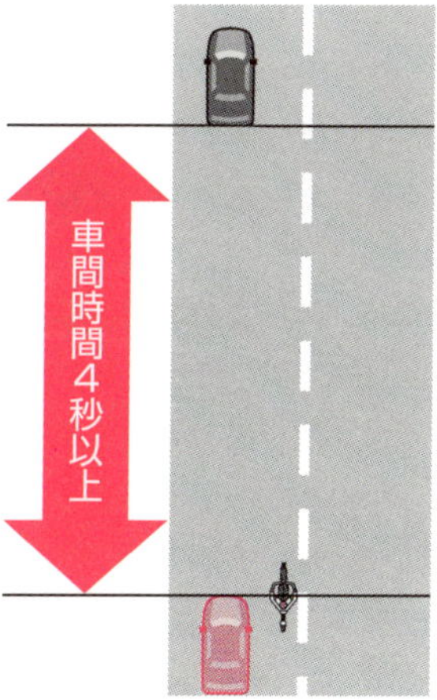

渋滞で車が進まない場合も車間時間さえ４秒空けておけば、まずバイクが入ってくるのに十分な空間があることに加え、周囲をしっかり確認する余裕が生まれてくるのです。

問題　パターン3

信号のない、見通しの悪い交差点（他者優先道路）で、右方の道路の左側を走っている原付と衝突し事故を起こした。どのような運転をすればよかったか？

A　停止線の手前で停止をした後徐行し、見通しの良いところで再度停止する

B　停止線の手前で速度を落とし、徐行しながら見通しの良いところで停止する

C　常に右側を見ながら運転する

D　左に寄りながら進む

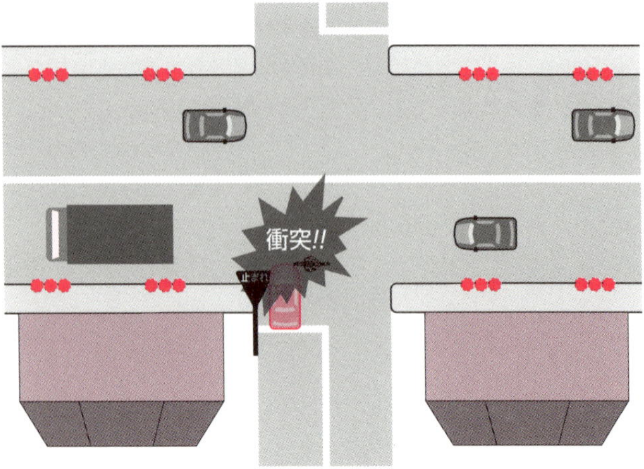

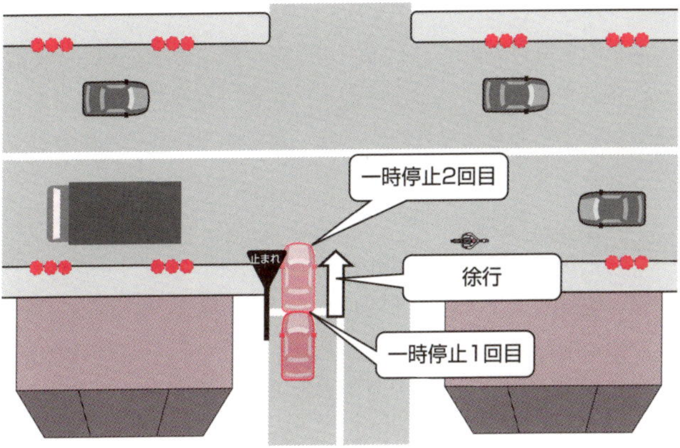

解答

答えはAです。

まず、CとDは誤りです。左側からも歩行者や自転車が来る可能性がある中で右側のリスクだけに集中してはいけません。

Bについては、過ぎたところでもきちんと一時停止すれば安全だ、と思われがちですがたとえ徐行したとしても右方の道路の左側を走っている原付の運転者の視野を考えてみると、目の前に数メートルの壁が突然現れたのと同じ状態になります。原付の運転者が急ブレーキをかけても確実に衝突してしまいますし、ハンドルをきってしまうと対向車と衝突してしまいます。

一度停止して徐行して進むことにより、自車の車頭を相手に見せながら進むことができ、優先道路の車やバイクは減速でき危険なときは停止ができます。つまり、優先道路の車が自主的に安全な空間を創ることができるのです。

問題　パターン4

ある交差点で右折をしようとした際、対向車が止まってくれた。急いで曲がろうとしたところ、止まった車の左側の陰から飛び出してきたバイクと衝突した。どのような運転をすればよかったか？

A　止まった車に迷惑をかけないよう急いで通過する
B　止まった車の後方を確認して通過する
C　止まった車の左側に注意しながら徐行して通過する
D　止まった車の左側が見える位置で一時停止して確認し通過する

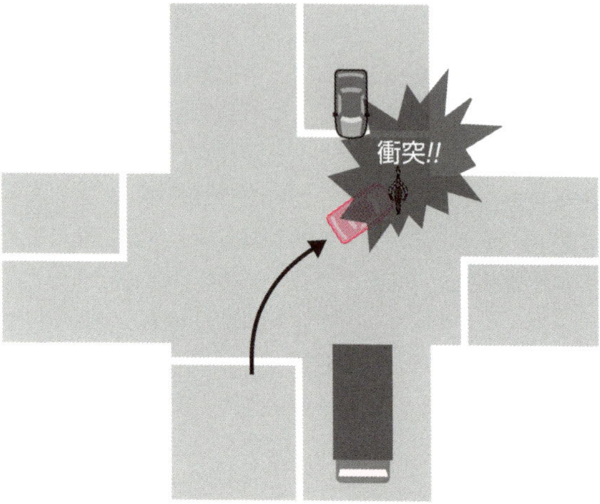

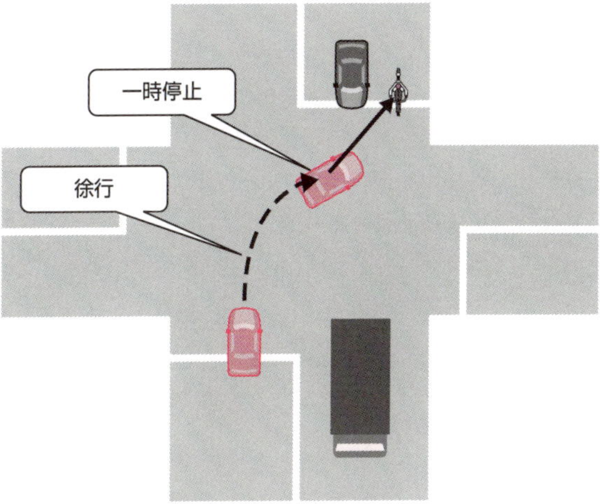

解答

答えはDです。

この事故は、対向車が自車に進路を譲ってくれたために起こる、いわゆる典型的な「サンキュー事故」です。Aのように止まってくれた車のためにもモタモタせず速やかに通過したいところですが、止まってくれた車の裏側に大きな死角があるのでこれは不正解です。

またBについては、止まってくれた車の後ろに車が停車していることが多いため結局止まった車の後ろは確認できません。

Cのように止まった車の左側に注意しながら進めば大丈夫だと思いがちです。しかし時速10キロメートル程度で徐行して、バイクに気づいてから停止したとすると2.9メートルは前に進んでしまうことになり、やはりバイクから見ると前に突然壁が出現した形になってしまうのです。

注意する、などのあいまいな行動ではなく、必要な場所を確認してから行動する、という習慣はここでも重要です。Dのように、車頭を見せつつ徐行し、止まった車の左側が見える位置で必ず一時停止する必要があります。

問題　パターン5

ある交差点を左折しようとしたところ、左後方から来るバイクを巻き込んでしまった。どんな運転をすればよかったか？

A 目視（直接視）で左側を確認後、道路の左端に車を寄せ交差点の手前で十分に速度を落とし左側端に沿って徐行する

B　巻き込まないように外にふくらみながら徐行する

C　バックミラーで必ず何度も後方を確認して徐行する

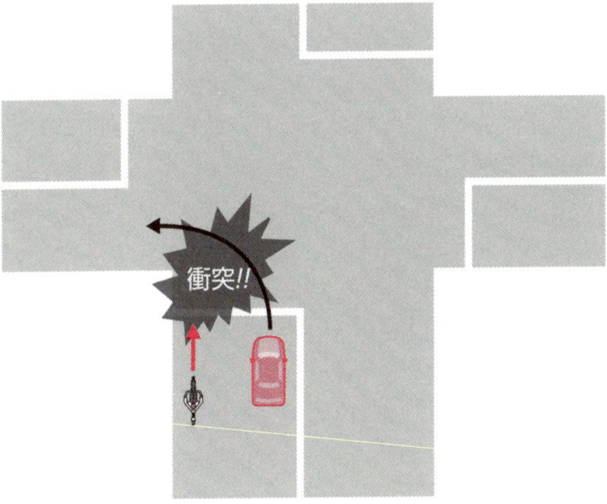

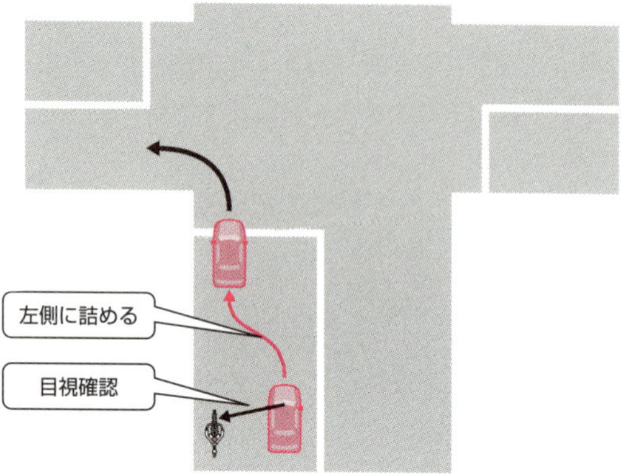

解答

答えはＡです。

先急ぎの衝動があるのは自分だけではありません。道路を通行するバイクやスクーター、自転車の運転手も先急ぎの衝動にとらわれている可能性は極めて高いのです。したがって道路左端を通行するバイクなどは左折のためにスピードを落とした車の左側から強引に追い抜こうとしがちです。我々が彼らと同じように先急ぎの運転をすると巻き込み事故の発生確率は上昇します。

Ｂのように外にふくらむと、左側を走るバイクや自転車は自車が右に行くものだと思ってしまい、さらにリスクは増大します。また対向車とぶつかる危険性も高まります。

Ｃも危険です。ミラーには死角があるため確実に目視で確認する必要があります。

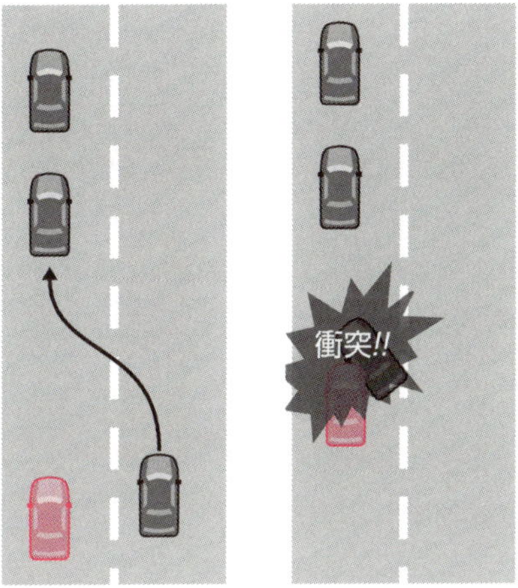

問題　パターン6

右車線の前方を走る車が自車と自車の前の車の間に強引に割り込もうとし、自車の前方と衝突した。どのような運転をすればよかったか？

A　素早く反応し、左に避ける
B　ブレーキを踏み、後ろ側に避ける
C　割り込まれないように、車間距離を詰めて運転する
D　車間時間を４秒空けて運転する

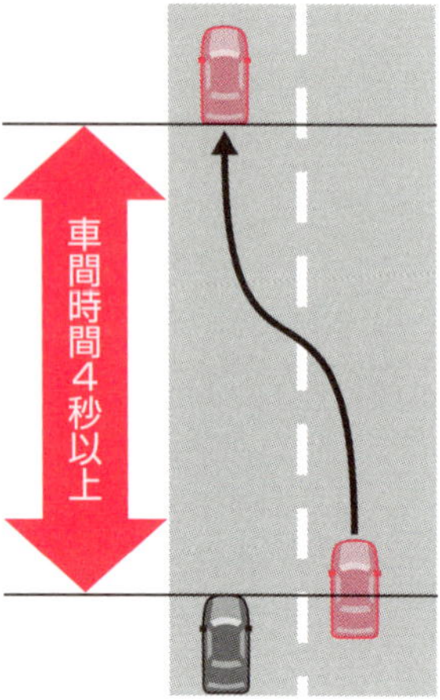

解答

これも答えは車間距離を４秒空けるのＤです。

まずＡは、とっさの反応になるため左側の障害物を確認していませんから、違う事故を引き起こす危険があるので誤りです。

Ｂについても、急なブレーキにより後ろの車に追突される危険があるため誤りです。

Ｃのように車間距離を詰めると、前方の車に追突する危険が高まります。また前方に集中するため周囲の状況を確認する余裕が生まれず、その意味でも危険です。

車間距離を空けていれば、強引にではなく相手も余裕をもって割り込めるため事故の危険性はなくなります。

数台割り込まれたところで到着時刻は変わりません。具体的な損はないのです。「車間距離を空けると割り込みされ、ぶつかる危険が増えるから」という理由で車間距離を詰めたほうがいい、と言う人がいますが、車間距離を空けたほうが危険は少なくなるのです。

おわりに　監修者の辞

自動車運転における事故（衝突や転落など）は、当該自動車の進行方向の物体や崖、人などまでの距離（進行方向空間距離または車間距離）が、その停止距離よりも短い場合、すなわち、“進行方向空間距離（車間距離）＜停止距離”の関係が発生した場合に発生します。この事故発生時には、進行方向空間距離が平素よりも短くなったか、停止距離が平素よりも長くなっていたと考えられます。このような考えの下に、その要因を探求しましたところ、停止距離の構成要素である空走距離の決定要因の一つの人の認知・反応時間（気づく時間）は、注意しているつもりでも一定ではなく、時々、長くなることが明らかになりました。また、進行方向空間距離は、一般に短めですが、特に、より早く目的地に到着しようとする場合や他車より先行しようとする場合（先急ぎ運転指向の場合）にはさらに短くなることが分かりました。

事故防止のためには、停止距離が長くなってもそれより長い進行方向空間距離であるように常に走行しておくことが必要であるということになります。南福岡自動車学校は、このような基礎的な研究（KM理論）を元に、既得免許者に対して安全運転の指導・訓練法の改善を行い、効果を上げてきています。既得免許者に対し安全運転指導・訓練を行う部門（事故なき社会株式会社）と南福岡自動車学校を率いている本書の著者は、どのような視点で安全運転またはその教育を行うと効果的に事故を防止できるかを明快に述べています。本書は、事故は起こしたくはないにもかかわらず安全運転となっていなかった人や、また、企業において事故防止のための管理・教育を行う立場の人に対して大いに役立つものと思われます。

2013年４月

九州大学名誉教授　文学博士　松永勝也

監修者プロフィール

松永　勝也

九州大学名誉教授　文学博士
事故なき社会株式会社 取締役
主幹総合交通心理士
自動車事故対策機構適性診断専門委員
福岡県交通安全協会理事

30年以上にわたり交通事故防止の研究を行ってきた日本の第一人者。交通事故は突発的な停止距離の延長か進行方向空間距離（車頭距離）の縮小によって発生するという『KM理論』を展開。その効果が注目を集めている。

著者プロフィール

江上　喜朗

交通心理士、教習指導員
南福岡自動車学校、
事故なき社会株式会社 代表取締役

昭和56年1月生まれ。東京理科大学卒。
「この世から交通事故をなくすこと」を使命とし、九州大学名誉教授　松永勝也氏と事故なき社会株式会社を立ち上げ、『KM理論』を用いた独自の運転研修の方法論を確立。南福岡自動車学校として年間約5000名の免許未取得者の教習、事故なき社会として年間約1500人の全国の企業ドライバー研修を行い、事故防止の研究と普及に努めている。論文：「KM式教育による一時停止行動の変容」

交通事故を7割減らすたった2つの習慣

2013年5月22日　1版1刷
2017年11月17日　14刷

監　修　松永　勝也
著　者　江上　喜朗

発行者　金子　豊

発行所　日本経済新聞出版社
http://www.nikkeibook.com/
〒100-8066　東京都千代田区大手町1-3-7
電話　03-3270-0251（代）

印刷・製本　中央精版印刷
装丁　クリエーターズ・ユニオン（一柳 茂）
ISBN978-4-532-16867-4　Printed in Japan